D'AMOUR ET DE SOUFFRANCE

Avec mon fils tétraplégique

© 2022, Yvonne Beckert

Avec la collaboration de Murielle Neveux
Mémoire et portrait
memoireetportrait.com

Photographie de couverture : Yvonne Beckert et son fils Patrick – Tous droits réservés.

Édition: BoD – Books on Demand, info@bod.fr
Impression: BoD – Books on Demand, In de Tarpen 42, Norderstedt, Allemagne
Impression à la demande

ISBN : 978-2-3222-0711-4
Dépôt légal : Mai 2022

Yvonne Beckert

D'AMOUR ET DE SOUFFRANCE

Avec mon fils tétraplégique

L'image est revenue devant mes yeux ce matin. Mon fils grimpait dans la voiture. Il riait, il était joyeux, comme d'habitude. Je l'ai revu monter dans la voiture, vêtu de son tee-shirt rouge et de son short jaune. Il était si beau, mon petit dernier. Il avait dix-huit ans alors, mais pour moi, il était toujours mon bébé.

C'est la dernière image qui me reste de mon fils debout, de mon fils valide, de mon fils vivant. Elle est revenue me frapper les yeux ce matin et je ne l'ai pas supporté. Aussitôt, je suis sortie de la maison. Je ne peux plus faire souffrir mes proches, ils ont si longtemps subi ma douleur. Je ne dois plus leur montrer ma souffrance, pourtant elle est là, logée pour toujours dans mon cœur. Je suis sortie de la maison, j'ai couru à la voiture, j'ai roulé, roulé, et je me suis mise à hurler comme une bête. J'ai lâché des cris d'horreur.

I
L'accident

C'était le 20 juillet 2003. Ce jour maudit, nous étions en vacances à Genève, en famille. Il faisait très chaud, c'était une année caniculaire. Mon fils, le petit dernier, avait décidé avec son frère, sa sœur et leurs conjoints, d'aller prendre le frais au lac Léman. Il avait dix-huit ans. Je l'ai regardé tandis qu'il se dirigeait vers la voiture. Il s'est retourné vers moi… Avec ses grands yeux bleus et son air rieur, comme il était beau ! J'avais le sourire rien qu'à le regarder. Ce jour-là – pourquoi ? je ne sais pas – je l'ai regardé plus longuement encore que d'habitude. Il avait passé un short jaune et un tee-shirt rouge.

Plus tard dans la journée, ma fille et mon gendre sont revenus à la maison, seuls, ils sont entrés en trombe, affolés, ils pleuraient et criaient :

« Viens vite, ma mère ! Le petit frère a plongé ! Ils l'ont emmené à l'hôpital, c'est grave ! »

J'ai crié à mon mari :

« Il est arrivé un accident à notre fils, il faut y aller ! »

Nous avons pris la route. Je ne l'ai dit à personne, mais j'ai eu l'intuition que mon fils s'était brisé le cou, j'en étais même persuadée.

Ma fille et mon gendre nous ont raconté l'accident. Mon gendre avait été le premier à se jeter à l'eau. Il avait plongé en douceur dans le lac, qui n'était pas très profond. Puis mon fils était monté sur la passerelle pour se lancer à son tour. Ma fille a dit :

« Je le vois encore, courir en rigolant, en jetant ses petites sandales sur la passerelle, il jetait ses sandales et en même temps il riait, il courait… »

Ils l'ont regardé plonger. Mon fils a plongé à pic. Ils ont vu son corps basculer par-dessus sa tête. Puis, plus rien. Comme il ne remontait pas à la surface, son frère et mon gendre se sont précipités pour le tirer de l'eau, mais en le sortant de l'eau, ils se sont aperçus que son corps était tout raide, complètement paralysé. Ils l'ont allongé au bord du lac. Ils ont vu qu'il étouffait, il n'arrivait plus à respirer. Son frère lui a appuyé sur l'estomac en le suppliant :

« Mon frère, reviens ! Mon frère, reviens ! »

Des sauveteurs ont accouru, puis le SAMU est arrivé et mon fils a été transporté par hélicoptère à l'hôpital.

Quand nous sommes arrivés à l'hôpital, deux docteurs et des infirmiers nous attendaient. Une infirmière m'a pris la main. J'ai alors été saisie de panique, je me suis dit que mon fils était mort. Ils nous ont conduits dans une petite pièce et nous ont invités à nous asseoir autour d'une table, sur laquelle étaient posés des verres et de l'eau. J'entends encore les deux médecins, j'entends les horreurs qu'ils ont débitées, j'ai cru que j'avais deux diables en face de moi.

« Votre fils ne bougera jamais plus. Il ne parlera plus. »

Ils ont dit des choses horribles, définitives. Quand il a entendu ces horreurs, mon fils aîné a couru vers le lavabo pour s'asperger le visage, il était devenu blanc comme la mort. Sa sœur s'est roulée par terre en hurlant :

« Au secours ! »

Elle a lancé des cris épouvantables. Moi, je n'ai rien pu dire, je ne pouvais pas parler, je suis restée figée. J'aurais voulu que les médecins se taisent enfin, mais ils poursuivaient. Ils disaient que Patrick passerait toute sa vie sous respirateur artificiel.

« On ne sait pas s'il va pouvoir remanger. »

Et ils répétaient :

« Il ne bougera jamais plus, il ne parlera plus. »

Au milieu de toutes ces paroles insensées, j'ai cru à une lueur d'espoir... Je les ai entendu dire qu'ils pouvaient agir :

« On ne sait pas si on va pouvoir faire quelque chose mais nous avons quatre heures pour essayer de le sauver. Si on ne l'opère pas dans les quatre heures, après ce sera trop tard, ce sera fini. »

Alors mon fils pouvait être sauvé ? Il serait opéré et il irait mieux ? J'ai crié :

« Opérez-le vite, alors ! Opérez-le ! »

Ils nous ont proposé d'aller le voir avant de l'emmener au bloc.

Les docteurs en avaient tellement dit que nous avions très peur d'aller le voir dans sa chambre. J'ai été la seule à oser me lever. Je me suis déplacée dans un état second. Dans le couloir, j'ai eu une impression étrange. J'avais la sensation d'avoir perdu mon fils dans les minutes qui avaient précédé, puis c'est comme s'il était réapparu et qu'enfin j'allais le retrouver. Au fond du couloir, j'ai vu une porte ouverte, sur la gauche. Je suis entrée dans la chambre et j'ai couru au chevet de mon fils. Il était enveloppé dans une couverture de survie. Il ne bougeait pas. Il a voulu me parler, j'ai approché mon visage du sien, et je l'ai entendu me dire, dans un souffle :

« Je suis foutu. »

Il m'avait parlé d'une voix très faible, sans pouvoir articuler.

J'ai tenté de le rassurer :

« Non mon fils ! Ne dis pas ça ! Ils vont t'opérer ! »

Nous voulions patienter à l'hôpital pendant l'opération, mais le docteur nous a dit de rentrer chez nous car l'intervention durerait huit ou neuf heures.

De retour à la maison, j'ai été prise de maux de ventre insoutenables. Ce n'étaient pas des maux d'estomac, c'était comme des douleurs de contraction. Je me tordais de douleur, j'avais l'impression d'accoucher une deuxième fois de mon enfant.

L'opération avait débuté à 18 heures, et elle s'est terminée le lendemain, le 21 juillet, à 2 heures du matin. Peu après, l'hôpital nous a appelés :
« L'opération s'est bien passée. Si vous voulez, vous pouvez venir voir votre fils. »
Nous étions tous tétanisés. Dans quel état allait-on le retrouver ? J'ai demandé à mon gendre de me conduire à l'hôpital, personne d'autre n'a eu le courage de venir. À l'accueil, on m'a signalé que mon fils était en soins intensifs, en chambre 7.
J'ai ouvert la porte de sa chambre et me suis approchée de son lit. Mon Dieu ! Il était sous respirateur artificiel, immobile, complètement inerte. Il m'a murmuré :
« Ma mère, je souffre, je souffre… »
Je lui ai dit, tout doucement, en me penchant vers lui :
« Non mon fils, ne dis pas ça. Tu verras, ça ira mieux dans quelques jours. »

Mon fils était paralysé jusqu'aux joues. Il ne pouvait plus rien bouger, ni ses jambes, ni ses bras, ni ses pieds, ni ses doigts, ni sa tête, rien. Il gisait devant moi emmuré dans un corps de pierre et je ne pouvais rien faire.

Je me suis effondrée. Je suis restée assise par terre, j'ai croisé les mains, et je me suis sentie comme aspirée. Ma vie s'est arrêtée là, net.

Ce jour-là, j'ai compris que mon fils était mort et j'étais morte avec lui.

Comme une automate, je suis allée retrouver mon gendre :

« Ce n'est pas possible. Ce n'est pas possible. Ramène-moi vite chez nous. »

De retour à la maison, j'ai demandé à ma fille qu'elle me conduise à la chapelle près de la maison. Je suis tombée à genoux devant la Vierge Marie, je l'ai implorée :

« Marie d'amour, je t'en supplie ma bonne Vierge, je t'en supplie, ne laisse pas mon fils comme ça. Je te le donne. Tu seras meilleure mère que moi, parce que moi, je ne peux rien faire pour lui. Prends-le vite auprès de toi, il sera bien, ma Vierge Marie d'amour, prends-le, mon fils. Prends-le. »

J'ai laissé une photo de mon fils dans la chapelle, sur laquelle j'ai écrit : « Aidez-nous ».

Et j'ai prié pendant des heures et des heures. J'ai

prié, j'ai prié pour que Marie prenne mon fils, j'ai prié pour qu'on nous aide, j'ai prié, les jours suivants, les années suivantes, jour et nuit, j'ai prié. Jour et nuit, pendant quatre ans, j'ai imploré le Ciel.

Après une première opération destinée à le stabiliser, mon fils a subi une deuxième intervention, le 25 juillet 2004, au cours de laquelle on lui a posé deux plaques de chaque côté des cervicales pour lui maintenir le cou. Après l'opération, de retour du bloc, tandis qu'on lui enlevait ses tuyaux, il a demandé au neurochirurgien :
« Vous m'avez opéré assis ?
— Comment tu sais ça, toi ?
— Je vous ai vus. »
Mon fils avait en effet été opéré assis, la tête tenue par des appareils. Il était sorti de son corps pendant l'intervention, il était monté dans les airs et s'était vu se faire opérer :
« Je me suis vu assis. J'avais la tête nue avec des appareils. Après, j'ai levé les yeux et j'ai vu la lumière… Je me sentais vraiment bien… J'ai voulu monter à la lumière, mais à un moment une petite voix m'a rappelé. »
Une petite voix féminine a susurré :
« Redescends, redescends… »
Ayant entendu la voix toute fine, toute douce, mon fils est redescendu, et il est rentré dans son corps.

Il avait fait l'expérience de la mort imminente.

Mon fils a été placé sous respirateur artificiel, mais il a pu éviter l'intubation. Il s'est battu pour sa respiration. Je lui tenais la main et l'encourageais pour qu'il continue à respirer :

« Vas-y mon fils, respire dans l'appareil. Respire dans l'appareil. »

Les médecins ont continué à nous jeter des horreurs au visage :

« Votre fils n'est pas sorti de l'auberge. Et puis s'il fait une pneumonie, autant vous dire qu'il part. »

« Ne vous bercez pas d'illusions. Même s'il survit, votre fils ne bougera jamais plus. »

Comme il était en soins intensifs, Patrick était en permanence surveillé par deux infirmiers. Ces hommes ont eu un comportement infâme. J'avais apporté à mon fils une statue de la Vierge Marie que j'avais tournée vers lui, pour qu'elle le protège. Il m'a raconté qu'un des soignants a enlevé la statue en ricanant :

« Mais c'est quoi, ce truc ?! Ça ne sert à rien de te battre ! Tu n'as pas compris ? Tu es foutu !! »

Mon pauvre fils était dans un état épouvantable, et ces odieux infirmiers le finissaient. Quand j'ai appris ce qu'ils avaient fait, je les ai mis dehors en leur hurlant dessus et je suis allée trouver la cheffe de service :

« Mon fils se bat pour respirer. Il a tout de mort ! Tout ce qu'il lui reste, c'est la respiration, et vos infirmiers l'achèvent au lieu de le soutenir ! Je ne veux plus les voir dans la chambre ! »

Je ne les ai pas revus.

Après avoir passé un mois en Suisse, mon fils a été transféré dans un hôpital à Annecy, où il est resté un mois et demi, puis il est resté un an à l'hôpital Henry Gabrielle de Lyon. Les docteurs ne comprenaient pas comment il avait réussi à respirer seul étant donné que ses cervicales avaient été touchées. Mais mon fils avait fait comme les nourrissons, il avait sollicité son diaphragme et avait pu ainsi obtenir une respiration.

Peu à peu, les médecins lui ont enlevé son appareil, Patrick a réussi à s'alimenter un petit peu…

Ici encore, nous avons entendu des horreurs.

« Votre fils va faire des infections. Il ne va pas bouger donc il aura des escarres. Des trous. »

On nous a dit qu'il ne retrouverait plus sa voix d'origine, car les muscles de ses cordes vocales étaient touchés. Les soignants répétaient :

« Il ne pourra plus jamais bouger. Il vous faudra peut-être l'attacher sur un fauteuil. »

Pire, un médecin a déclaré :

« Madame, il va falloir que vous fassiez le deuil de votre fils. Votre fils n'est plus là. Il est mort. »

Comment une maman peut-elle accepter ces paroles ?

II

Hier, déjà

Pourquoi nous ? Pourquoi moi ? Pourquoi tout recommence ? Pourquoi ça revient ? J'avais déjà tellement subi. Dès l'enfance. C'était comme si la maladie ne voulait pas me lâcher. Comme si la souffrance s'acharnait à vouloir me coller à la peau.

Enfant, j'avais eu un frère aîné et une petite sœur atteints de maladies génétiques. Je n'ai pas connu mon frère, qui est décédé avant ma naissance d'une méningite, à l'âge de deux ans et demi. Ma sœur est partie à sept ans, j'en avais dix quand elle est morte. Je l'ai toujours connue légume, elle avait tout de mort en elle. Elle n'a jamais bougé. Je la regardais longuement dans son berceau et ne la voyais jamais faire un mouvement, elle n'avait aucune expression sur le visage. Je lui passais la main devant les yeux, pour vérifier si elle voyait clair, mais rien, elle était aveugle ; je lui parlais à l'oreille, elle ne m'entendait pas. Je cherchais à comprendre son état, je vérifiais s'il y avait du mieux par rapport à la veille… Rien à faire. Parfois je lui caressais la joue, j'ai cru voir une fois un faible sourire, un petit rictus sur le côté… Ma sœur n'a jamais parlé. Elle ne mangeait pas, alors elle était toute maigre. Quand ma mère la prenait dans ses bras, tout pendait ! Les bras, les jambes, son corps ne tenait pas. Une vraie poupée de chiffon. Elle ne comprenait rien à ce qui se passait autour d'elle. C'était une morte avec un cœur qui battait. De temps en temps tout de même, nous l'entendions gémir. Nous comprenions qu'elle souffrait, mais où avait-elle mal ? Il était impossible de le savoir car ma sœur ne communiquait pas.

J'aimais beaucoup ses cheveux immenses, qui faisaient toute la longueur de son corps. Ma mère l'a emmenée à l'hôpital un jour car elle était malade, et quand elle est retournée la voir, on lui avait coupé sa crinière. Ma pauvre mère était dans tous ses états. Elle a demandé à l'infirmière où étaient passés ses cheveux, puis elle a dit :

« Vu la situation, je prends les cheveux et je reprends la petite aussi. De toute façon vous ne pouvez rien faire pour elle, alors si c'est pour lui couper les cheveux, ce n'est pas la peine… »

Tous les ans, le 15 août, mes parents nous emmenaient faire le pèlerinage à Lourdes. Ils espéraient une guérison. Quand les gens nous voyaient passer, ils déposaient quantité de cadeaux dans le landau de ma sœur. Je me souviens de boules remplies de fausse neige avec une statue de la Sainte Vierge à l'intérieur.

C'était dur pour nous de vivre la maladie de notre sœur.

Un jour, comme j'étais patraque, je ne suis pas allée à l'école. Je suis restée à la maison. Ce jour-là, ma mère a pris la petite dans ses bras, et tout à coup, j'ai entendu ma sœur qui a émis un soupir, ou plutôt, elle a lâché un long râle, et elle n'a plus respiré. Ma mère a crié :

« Cours vite voir les voisins en face ! Demande de l'aide ! Dis-leur qu'ils appellent un docteur pour ta sœur ! »

J'ai couru dire aux voisins que ma sœur était très mal, qu'elle était peut-être morte. Quand le docteur est arrivé, ma mère avait allongé ma sœur sur le lit. Il a confirmé qu'elle était décédée. Puis mon père est rentré du travail, et ma mère, en larmes, lui a appris que la petite était partie. Il s'est mis à hurler, je le revois se taper la tête contre les murs… C'était horrible.

Mes frères et moi avons été très marqués par ce drame.

Il y a eu l'enterrement. Nous étions connus dans la région, les gens sont venus nombreux à la cérémonie, puis chez nous. Ma grande sœur n'arrêtait pas de pleurer, moi, en un sens, j'étais soulagée que la petite soit partie, elle souffrait tellement... Mais même si la mort était une délivrance pour elle, l'image de son départ m'est restée, elle me hante. Je l'avais vue rejeter la tête en arrière avant d'entendre son dernier râle. Quelle horreur ! Et puis quelles visions pendant ses sept années de vie... Un petit être à demi mort gémissant, râlant, se plaignant, sans que l'on ne puisse rien pour lui. C'était terrifiant.

Ma mère a très mal supporté la disparition de sa fille. Elle allait s'enfermer dans la chambre où elle pleurait toutes les larmes de son corps. Elle a même voulu s'empoisonner.

Elle s'est remise progressivement, grâce à ses quatre enfants vivants et au soutien des gens du village.

C'était mon fils, maintenant, dont le corps ne répondait pas.

Ma mère ne m'a pas lâchée après son accident. Elle disait qu'elle avait vécu ma souffrance, qu'il était impensable qu'elle m'abandonne dans ma situation. Elle ne m'a en effet jamais laissé tomber. À vrai dire, sur le moment, je ne m'en suis pas rendu compte. Je ne le pouvais pas, j'étais partie.

III

Je sombre

Tout le temps où mon fils est resté hospitalisé à Lyon après son accident, je n'ai pas quitté son chevet. Je suis restée dans sa chambre, assise à côté de lui. Je l'observais, anéantie. Parfois, je m'allongeais sur son lit et je l'entourais de mes bras, sans dire mot. Les soignants passaient régulièrement pour l'aider à faire sa rééducation. Je songeais alors :

« À dix-huit ans, être dans cet état, ce n'est pas possible ! Ce n'est pas humain ! Jamais je ne pourrai élever mon fils dans cet état ! Jamais ! »

Par moments, je détournais les yeux, je regardais par la fenêtre, et ces mots, toujours, me martelaient l'esprit :

« Ce n'est pas possible ! Ce n'est pas humain, ce qui nous arrive ! »

Quand il m'arrivait de voir d'autres jeunes à l'hôpital paralysés comme mon fils, je voulais crier :

« Mais débranchez-les ! Que faites-vous à vouloir les garder en vie ? Ils sont morts, là, dans leur lit ! Laissez-les partir ! »

Pourquoi avaient-ils opéré mon fils pour qu'il se retrouve dans cet état, mort parmi les vivants ? Je pensais à la mère de Vincent Humbert. J'ai compris son geste. Mais si, comme elle, je choisissais d'administrer à mon fils la piqûre fatale, je ne pourrais pas survivre, je me piquerais moi aussi.

J'aurais voulu que mon fils parte. Dans la chapelle, je l'ai donné à la Vierge Marie. J'ai supplié la Vierge de prendre mon fils.

« Marie d'amour, je te donne mon fils, prends-le ! Tu seras une meilleure mère que moi. Je ne peux plus rien faire pour lui, mais toi, prends-le, je t'en supplie ! Prends-le auprès de toi ! »

J'ai donné mon fils à la Vierge, mais le temps n'était pas venu pour lui de la rejoindre.

Après être resté un an à l'hôpital à Lyon, mon fils est rentré à la maison. Il était dans un état atroce, invivable pour lui, insoutenable pour nous. Cette vision, de lui chez nous, paralysé, immobilisé dans son fauteuil, était cauchemardesque. Il ne bougeait pas. Ce n'était pas mon fils devant moi, c'était quelqu'un d'autre.

Je ne suis plus parvenue à le toucher, je ne le pouvais

pas. Je le regardais cependant, et dans ses yeux bleus, je lisais sa souffrance. Je regardais sa souffrance, et je la ressentais. Mon corps a été le siège de monstrueuses douleurs. J'avais la sensation de porter dans mon ventre mon fils paralytique. Il était retourné en moi, paralysé, je ressentais comme une pierre dans mon ventre qui me martyrisait. Au départ, j'ai voulu laver les joggings de Patrick mais dès que j'en avais un dans les mains, je sentais la paralysie de mon fils dans les jambes du pantalon et je le lâchais aussitôt. Je n'ai plus réussi à toucher son linge, je ressentais son mal et sa douleur physique, dans ses habits et dans mon ventre en même temps. Je ne pensais pas que dans la vie une telle souffrance puisse exister, une chose si dure, une telle torture de tout l'être, anéantissant le cœur, le corps, l'esprit. Même au diable, je ne souhaitais pas d'être à ma place.

Le quotidien est devenu très angoissant. Mon fils ne pouvait rien faire par lui-même. Il fallait que quelqu'un lui donne à manger, pratique les soins… J'ai été incapable de m'occuper de lui. Je ne pouvais pas affronter les soins du matin. Je restais tétanisée dans mon lit. Cachée sous les couvertures, je m'enfonçais les doigts dans les oreilles. Je voulais fuir notre monde abominable, j'aurais aimé m'échapper par un trou de souris et disparaître, je ne voulais plus rien voir, plus rien entendre. Et du matin au soir, je tremblais, je ne faisais que trembler, je tremblais comme une feuille dans le vent glacial. J'étais terrorisée. Il m'arrivait de regarder mon fils, mais alors, une peur bleue me prenait. Je regardais ses jambes qui ne marchaient plus, ses baskets qui ne servaient plus, son corps immobile, inutile, détruit. J'avais devant moi un champ de désastre. Un champ de ruines. Il était si jeune, mon fils, pourtant, dans son corps mort. J'étais terrorisée par la vision de ce corps en allé, et je restais figée devant sans parvenir à approcher mon fils. Puis, quand je n'en pouvais plus de regarder sa vie éteinte, je me sauvais, je retournais me cacher sous les couvertures. Je courais me réfugier dans mon lit en tremblant et en haletant. Je ne respirais plus, je haletais, très fort, sans m'arrêter, le jour, la nuit, cela a duré des années…

Quand notre fils est rentré à la maison, j'ai sombré dans le désespoir. Je suis tombée dans les ténèbres. Il n'était plus lui et je n'ai plus été moi. Je n'ai pas été capable de faire face à la situation. Ce n'était plus mon fils, cet être-là avec nous, cet être de souffrances incapable de rien faire par lui-même, on me l'avait remplacé. Je ne l'ai pas supporté.

Pendant des années, je n'ai plus parlé, je n'ai plus été en mesure de prononcer un mot. Plus rien n'a existé, sauf la douleur. J'ai passé mes journées sans rien faire sauf trembler, haleter, et attendre.

Tout était noir dans ma tête et autour. J'étais vivante et morte en même temps, comme enterrée vivante. Il n'y avait que ma tête qui n'était pas ensevelie sous la terre, mon corps était enterré. Je pouvais à peine bouger, je ne me nourrissais pas, je ne me lavais pratiquement plus, je ne pouvais plus m'habiller. J'étais incapable de rien faire, pas même une course. Je me levais, je m'asseyais, j'allais au lit, voilà tout. Et je tremblais de tout mon être. Comme celui de mon fils, mon corps ne répondait plus, et ma tête divaguait.

De temps en temps, en cachette, je nous ramenais à la vie. J'appelais Patrick sur son téléphone portable, pour entendre sa voix sur la messagerie du répondeur, pour entendre sa voix d'avant, sa voix forte d'être bien vivant. Je l'ai appelé tellement longtemps… Mon fils n'avait plus qu'un filet de voix à présent.

Existe-t-il pire souffrance pour une mère que de savoir que son enfant a devant lui une vie inerte, sans lendemain, sans avenir ? Qu'un éternel présent de douleurs l'attend ?

Plus personne n'a existé autour de moi après le retour de mon fils à la maison. Ma mère est venue me voir. Je l'ai vue pleurer. Je l'ai regardée pleurer, sans réagir. J'ai beaucoup fait pleurer ma mère, je le regrette, mais j'étais alors envahie par la souffrance, elle avait tout pris. J'ai fait pleurer ma mère, j'ai fait beaucoup de peine à mon père. Un jour tout de même, je leur ai dit :

« Je vous aime. »

J'ai demandé pardon à ma mère depuis. Je vais au cimetière et je lui demande pardon. À cette époque-là, je ne pouvais pas être présente pour elle. Mon mari n'existait plus non plus, mes autres enfants n'existaient plus, il n'y avait plus que mon fils malade et la souffrance. J'ai délaissé mon mari, j'ai laissé tout le monde sur le côté, et puis j'ai décidé qu'il fallait que je parte. Je ne pouvais plus rester dans ce monde, il fallait que je mette fin à mes jours.

Dans les ténèbres, la douleur est si forte qu'il est impossible de tenir, il faut y mettre un terme. Elle était trop lourde pour moi, ma souffrance. Alors j'ai avalé des médicaments. J'ai fait cinq ou six tentatives de suicide aux cachets. Impossible d'être enfin délivrée. On me conduisait à l'hôpital, où j'avais droit à un lavage d'estomac, on me gardait un jour ou deux puis on me renvoyait chez moi… Alors je recommençais car je ne pouvais pas vivre avec ma souffrance. Dans les ténèbres, on ne peut pas rester. J'ai voulu aller voir des dealers, je voulais m'acheter de la drogue pour me l'injecter dans une veine et mourir d'une overdose. Je ne voulais pas rester sur terre, alors que mon fils depuis ses dix-huit ans gisait chaque jour mort devant moi.

Pendant trois années, je suis restée cloîtrée et pétrifiée chez moi.

Ma famille voyait évidemment que j'allais mal. Mais que pouvaient faire mes proches ? Ils ont bien tenté de me bousculer…

« Reviens à toi, ma femme ! »

« Reprends-toi, ma mère ! »

Rien à faire, je ne les entendais pas. Dans l'espoir que je reprenne vie, ils m'ont emmenée dans des lieux saints. Nous sommes ainsi allés à Medjugorje, en Bosnie-Herzégovine, où nous sommes restés une dizaine de jours. J'étais morte quand nous sommes partis. Je marchais, mais avec difficulté. À un moment, j'ai croisé une dame, qui m'a interpellée :

« Madame ?

– Oui ?

– Venez s'il vous plaît. »

Je suis allée vers elle. Elle m'a regardée :

« Vous souffrez…

– Oh oui ! Je souffre !

– Je le vois. Allez à la croix de Jésus. Vous allez déposer votre croix aux pieds de Jésus, vous verrez, il va vous aider. »

Nous voulions faire ce pèlerinage à Medjugorje car la Vierge Marie apparaît en ce lieu. Mais dans ce pays étranger, sans rien comprendre à la langue, nous étions un peu perdus et ne savions pas comment les choses allaient se dérouler. Par chance, alors que nous étions attablés dans un restaurant, nous avons vu un groupe de Français entrer, et nous avons pu entendre la guide expliquer que le soir même, la Sainte Vierge allait apparaître à la croix bleue. Nous sommes allés trouver la femme, qui a précisé :

« Ce soir à 10 heures, la Vierge Marie va se présenter à la croix bleue, elle va transmettre des messages. Il faut y aller de bonne heure parce qu'il va y avoir du monde, beaucoup de monde. »

Nous nous sommes dépêchés de partir vers la Colline des apparitions. Nous avons pu nous asseoir sur un muret en pierre, en face de la statue de la Vierge. Peu à peu les gens sont arrivés. Certains s'agrippaient à nous pour grimper sur le muret afin d'apercevoir la Sainte. Au bout d'un moment, la colline est devenue noire de monde, jamais je n'avais vu une telle foule.

Je me souviens avoir senti une odeur singulière alors que nous patientions. C'était une odeur de lavande qui m'emplissait les narines. Je l'ai dit autour de moi, mais personne ne sentait ce parfum.

Soudain, l'assistance s'est écartée pour laisser passer trois personnes, qui ont déclaré :

« La Vierge Marie nous a parlé. »

Des musiciens ont entonné des airs. Ensuite, peu avant dix heures, quelqu'un s'est approché du microphone :

« Plus personne ne parle, plus de photo, pas de caméra, rien. Tout le monde se tait. La Vierge Marie va apparaître. »

Vers dix heures du soir, la Vierge m'est apparue. Soudainement, j'ai vu son apparence, qui était blanche. La Vierge m'a parlé dans mon cœur. Elle a dit qu'elle nous aimait très fort, mais que nous lui faisions beaucoup de mal et qu'elle pleurait à cause de nous. Quand elle a prononcé ces mots, j'ai parlé très fort, je me suis écriée :

« Mon Dieu ! Combien elle nous aime ! Pourquoi lui fait-on tant de mal ? »

La Vierge Marie nous aime d'un amour incommensurable. Nous sommes incapables d'aimer aussi fort qu'elle nous aime, la Vierge nous aime tellement, elle nous aime à l'infini. Même en tant que mère, je n'étais pas capable d'aimer mes enfants comme elle nous aime.

J'ai vu la Vierge Marie écarter les bras et quand elle a écarté les bras, j'ai dit à haute voix :

« Mon Dieu ! Elle écarte les bras ! Elle nous salue ! »

Ensuite elle a baissé la tête et à ce moment-là, j'ai ressenti dans moi une grâce et un amour immenses. Marie était d'une telle splendeur, d'une telle beauté céleste. Près de son visage, du côté droit, une lumière est apparue. J'ai répété :

« Mon Dieu, elle nous salue ! Mon Dieu, elle est belle ! Elle baisse la tête, elle écarte les bras ! »

Je n'ai pas pu voir son visage, mais je l'ai vue écarter les bras tout doucement et baisser la tête avec lenteur et délicatesse. J'ai ressenti dans mon cœur son geste de grâce et d'amour. Puis elle est partie.

La musique a repris. Un interprète a dit en français que la Vierge était apparue. Tout ce qu'il a dit, je l'avais vu, et je l'avais décrit à haute voix.

Peu à peu, les gens ont quitté la colline. Moi, je n'ai pas voulu partir. L'Esprit Saint m'avait appelée, m'a-t-on dit. Il m'a conduit devant la croix bleue, où je me suis mise à genoux, et j'ai prié tant que j'ai pu. Ma famille voulait me relever mais j'étais incapable de me mettre debout. J'étais comme cimentée à la terre devant la Vierge Marie. Je priais à haute voix, je récitais « Je vous salue Marie pleine de grâce » puis je disais le Notre-Père, je disais ces prières sans m'arrêter, à haute voix, comme un perroquet qui répète sans fin.

Quand j'ai eu fini ma prière, enfin, je suis parvenue à me relever, mais je ne pouvais plus marcher, il a fallu m'aider. Mon mari a arrêté une voiture, et on m'a ramenée à l'hôtel. Mes jambes étaient toutes raides. On m'a mise au lit et je me suis endormie. J'étais épuisée.

La Vierge m'avait parlé à Medjugorje mais ma

douleur était telle que je n'ai pas su l'entendre. De retour chez nous, j'ai décidé d'en finir avec la souffrance. Après mes tentatives de suicide manquées aux médicaments, je me suis rappelé que mon mari avait un fusil. Je me suis levée pour aller chercher l'arme.

Le fusil était rangé dans un placard dans la chambre du fond. Pour accéder à cette pièce, il fallait que je longe le couloir, mais mon fils s'y trouvait. Je l'ai observé. Il paraissait concentré devant son ordinateur. J'ai avancé sans bruit jusqu'à la chambre, j'ai ouvert le placard et j'ai saisi le fusil. Je ne l'avais jamais touché de ma vie. Pourtant, je l'ai désamorcé machinalement, comme si je l'avais manipulé quantité de fois. À ce moment-là, il n'y avait plus rien autour de moi à part ce fusil. J'étais déjà partie. J'étais comme un robot qui faisait un geste, puis qui en faisait un autre, programmé pour accomplir l'acte ultime et fatal. Une voix dans ma tête commandait mes gestes. Elle a dit :

« Mets la balle. »

J'ai ouvert tous les tiroirs de la chambre et j'ai fini par trouver des balles. J'en ai mis une dans le canon, sans trembler, sans me tromper, d'un geste sûr.

J'ai quitté la pièce, et le fusil caché derrière mon dos, j'ai de nouveau longé le couloir où mon fils se trouvait toujours. Je suis entrée dans ma chambre et je me suis assise sur le lit. J'ai placé le fusil sous mon menton, puis je me suis ravisée :

« Non. Ce n'est pas là que tu as mal, c'est dans ton cœur. »

J'ai mis le canon du fusil contre mon cœur et j'ai tiré.

J'ai été projetée en arrière, sur le lit. Puis, quelle force m'a poussée ? J'ai entendu mon fils crier le peu qu'il a pu crier et en l'entendant, je me suis levée, j'ai marché vers lui, je l'ai regardé et je me suis écroulée. Il fallait que je le voie. Je m'étais tiré une balle dans le cœur, et je suis parvenue à me lever. J'avais entendu mon fils crier :

« Au secours ! Maman s'est tiré une balle ! »

J'avais entendu ses appels, et une force m'a permis de me tirer du lit et d'aller vers lui.

On m'a raconté la suite. Les secours m'ont transportée à l'hôpital le plus proche, où on m'a passé un scanner. La balle avait été déviée. Les médecins sont restés stupéfaits devant sa trajectoire. Elle s'était baladée dans mon corps, elle a cassé toutes les côtes du côté du cœur, elle est remontée et a perforé un poumon. Les médecins n'ont pas voulu l'enlever pour éviter une hémorragie interne.

Mes proches sont tous venus me voir en réanimation, les uns après les autres. Mais je n'ai rien vu, moi, je n'étais plus là… Ma sœur m'a dit par la suite :

« Tu aurais vu notre père, il était à genoux devant toi, dans la salle de réanimation et il pleurait : « Ma fille, pourquoi as-tu fait ça ? Je t'en supplie, ma fille, reviens ! Ne refais plus ça, ma fille ! » Notre père à genoux pleurait toutes les larmes de son corps, notre mère pleurait, tout le monde pleurait devant toi. »

J'ai fait beaucoup de mal à ma famille. Je m'en suis aperçue plus tard, mais là, tombée les ténèbres, je ne voyais plus rien sauf cette souffrance qui m'aveuglait.

J'ai toujours la balle de fusil dans le corps. Je sais que c'est Marie qui l'a déviée, je sais qu'elle était à mes côtés quand j'ai tiré le coup de fusil, elle a compris ma souffrance et n'a pas voulu que je meure. J'étais plongée si profondément dans les ténèbres que la Sainte Vierge n'a pas pu empêcher mon geste, mais elle a pu dévier la balle. Elle n'a pas permis que je meure, car les personnes qui se suicident ne vont pas au Paradis.

La rééducation a été difficile et douloureuse à cause de mon poumon perforé. Les policiers sont venus m'interroger, ils soupçonnaient mon mari de m'avoir tiré dessus. Ils voulaient me faire dire qu'il était coupable ! Ils ont ouvert une enquête, ils ont tout saisi dans notre chambre, les draps, le fusil, tout, ils ont passé ces objets au peigne fin avant de venir me trouver à l'hôpital pour prendre ma déposition.

À la suite de mon geste, j'ai été internée pendant quatre ans en hôpital psychiatrique. La première année, je suis restée comme paralysée. Je voulais

prendre la place de mon fils. Je me suis mise dans le lit et je me suis comme paralysée toute seule. Je voulais ressentir ce qu'il ressentait, je voulais ressentir son mal, je voulais ressentir sa douleur, je voulais vivre ce qu'il vivait, il me fallait prendre sa place. Je ne bougeais plus. Rien. Mes deux jambes étaient immobiles, je raidissais mes deux bras… Les infirmières me bousculaient, elles disaient :
« Allez Beckert, marchez ! »
« Mais non, Beckert vous n'êtes pas paralysée ! »
Je répondais :
« Mais je ne peux pas marcher, je ne le peux pas ! »
Mon fils ne pouvait plus se laver, je ne me lavais plus, il ne pouvait plus marcher, je ne marchais plus. Les médecins aussi me tiraient, me secouaient, mais je résistais, je ne voulais rien faire.

Mes nuits étaient pétries de cauchemars.
J'avais un cheval, que je menais au pré. Je regardais mon cheval batifoler et galoper, je le voyais faire des cabrioles, il était beau et heureux, j'étais heureuse de le voir s'amuser ainsi. Et tout à coup, je l'ai aperçu sautant dans des fils de barbelés. Mon cheval était en sang ! Je me suis précipitée vers lui, je l'ai pris dans les bras, j'ai couru jusqu'au village :
« Aidez-moi, aidez-moi ! Je vous en supplie, mon cheval ne peut plus bouger ! »
Ce cheval, c'était mon fils.

Un autre cauchemar. Mon fils avait un an et demi, deux ans, pas plus. Il pleurait. J'ai voulu le consoler :
« Viens dans mes bras, mon fils, approche ! »
Il m'a répondu :
« Mais Maman, je ne peux pas aller vers toi.
— Mais comment ça, tu ne peux pas aller vers moi ?
— Mais tu sais bien, Maman, que je ne peux plus marcher, que je ne peux plus aller vers toi. »
Et je me réveillais en sursaut.
Je faisais des cauchemars atroces, qui me tiraient vers le fond, rien ne pouvait me remonter.

Je suis restée quatre ans enfermée. Même là-bas, je voulais me suicider. Cette pensée ne m'a pas lâchée pendant longtemps. Ça a été quatre ans de ténèbres encore, c'était le diable dans ma vie, dans ma tête, c'était le noir, le désespoir.
Les soignants nous emmenaient à l'atelier pour nous faire travailler un peu. Je ne parlais pas, je n'allais pas bien du tout, je ne voulais rien faire, sauf feuilleter des magazines. Un jour, en tournant les pages d'une revue, j'ai aperçu plein d'images de jeunes filles et de jeunes garçons. Alors j'ai pris des ciseaux, et je leur ai coupé la tête à tous. Puis j'ai fait un collage, j'ai collé un garçon, une fille, un garçon, une fille… C'était ma seule manière de m'exprimer. J'ai fait ce type de collage à plusieurs reprises. Dans ces visages de jeunes gens, je retrouvais mon fils, et je me disais :

« Mon Dieu, comme c'est beau, la jeunesse ! »

Puis je pensais à l'état de Patrick, je me disais que lui n'avait plus cette jeunesse. Cette pensée me faisait tellement mal dans mon cœur que je quittais l'atelier en pleurant. Les soignants n'arrivaient à comprendre pourquoi je m'en allais, car je ne parlais pas. Je retournais dans ma chambre en larmes, je fermais les stores et je me mettais dans le noir. Et de nouveau, je tremblais et je haletais, et ces pensées revenaient me hanter :

« Mon fils ne pourra jamais conduire, mon fils n'aura pas d'enfants, mon fils ne pourra rien faire... »

Je n'avais pas donné la vie à mon fils pour qu'il soit malade et malheureux, quand je repensais à son destin, je voulais mourir.

Mes proches m'appelaient. Ils pleuraient au téléphone. J'entends encore ma belle-fille :

« Belle-mère, je vous en supplie, sortez ! On n'en peut plus ! »

Ma fille aînée m'appelait aussi. Tous me téléphonaient. Ils me suppliaient de sortir. Ils voulaient me parler au téléphone, mais je raccrochais systématiquement, je me suis isolée, je ne voulais pas leur parler, je ne voulais pas de visite, je ne voulais rien, je ne voulais même pas voir ni mon père, ni ma mère. Ma mère a tellement pleuré... Pourtant ses larmes ne pouvaient pas m'atteindre. J'étais loin. J'étais morte. Pour moi, tout était fini. Fini.

Un jour, un déclic s'est opéré en moi. C'était assez irréel. La Vierge Marie m'avait donné de l'amour dans mon cœur, et son fils, Jésus, m'a guérie. Il a guéri mon esprit et il a consolé mon cœur. Je suis alors allée trouver les psychiatres pour leur dire que je voulais sortir. Ils m'ont regardée, interloqués :
« Sortir ? Vous ? Mais vous avez vu votre état ? »
J'ai demandé à voir mon médecin, qui m'a dit :
« Mais pourquoi voulez-vous rentrer chez vous ? Pour vous tuer, encore ? On ne peut pas vous laisser sortir, vous allez vous tuer. »
J'ai répondu :
« Je veux vous montrer que je peux sortir. »
Mon psychiatre a alors proposé d'organiser une réunion familiale. Il a voulu me tester au cours de cette réunion et me faire parler. J'ai parlé. Il était très étonné de m'entendre faire des phrases. J'ai eu des paroles sensées. C'était étrange, j'étais moi-même très surprise. Les médecins ont tenu à continuer à me tester, et au bout d'un certain temps, quand ils ont vu que je me lavais de moi-même, que je marchais, m'habillais, ils m'ont libérée.

IV

Grâce à l'Amour

Peu à peu, je suis revenue au monde… Il s'était écoulé huit ans entre l'accident de mon fils et ma sortie de l'hôpital. Le jour s'est levé en moi, j'ai pu, à petits pas, me dégager des ténèbres. Cela ne s'est pas fait du jour au lendemain, et je dois dire que de sombres pensées ont continué pendant un temps à me traverser l'esprit. Mais je n'étais plus morte. Je me suis remise à parler. Difficilement. J'étais restée muette pendant près de huit ans, alors les mots au départ venaient tous d'un coup dans ma bouche ; ils s'entrechoquaient, tant j'avais perdu l'habitude de la parole et tant j'avais d'émotions en moi – c'est ainsi que le psychiatre a expliqué mon bégaiement. Il m'arrive encore d'avoir du mal à m'exprimer, notre vie est si perturbée, quand des émotions vives me prennent, je peux perdre la maîtrise des mots. Le coup de fusil a aussi laissé des séquelles irrémédiables dans mon corps, la balle a sectionné un tendon dans mon bras gauche, ce qui me cause d'intenses douleurs mais j'ai appris à remettre mon bras en place pour que ces douleurs s'apaisent. Toutefois elles ne sont rien par rapport aux souffrances morales et physiques que peut éprouver mon fils, et à la blessure que nous ressentons dans notre cœur, nous tous autour de lui, de le voir si malheureux.

Mon fils me dit quelquefois :
« Je souffre dans mon corps, ma mère, mon corps est une prison. »
Je lui réponds :
« Nous sommes tous en prison autour de toi, mon fils. »

Avec mon mari et mes enfants, nous nous sommes toujours beaucoup aimés, des liens et un amour très forts nous unissent ; sans cet amour, étant donné les horreurs que nous avons traversées, notre famille aurait éclaté, jamais nous n'aurions pu tenir.

Nous étions heureux tous ensemble avant le drame. J'avais rencontré mon mari très jeune. Ensemble nous avons eu quatre enfants.

Dans ma jeunesse, avec mes parents, chaque année, nous allions en pèlerinage. C'est à l'occasion d'un pèlerinage que mon mari m'a vue. J'avais quatorze ans, il en avait dix-huit. Il a eu un coup de foudre, il a flashé sur moi dès que ses yeux se sont posés sur moi !

« Je ne t'ai pas aimée, je t'ai adorée ! » m'a-t-il avoué plus tard.

Il a prévenu tout le monde autour de lui :

« Vous voyez cette fille-là ? Il ne faut pas la toucher, elle est à moi ! Quand elle aura seize ans, je la demanderai en mariage. »

Et ce qu'il a dit, il l'a fait. Nous nous sommes revus deux ans plus tard. Il pensait toujours à moi. Il m'a demandé si je voulais sortir avec lui mais j'ai refusé, je n'étais pas très intéressée par les garçons alors. Mais il m'a fait une cour si insistante que j'ai fini par céder, puis au bout de quatre ou cinq jours, j'ai reculé. Je ne voulais pas rester avec lui, j'ignore pourquoi. La jeunesse est capricieuse ! Alors, il est revenu à la charge, il m'a dit et répété qu'il voulait que notre relation reprenne. J'ai baissé les armes :

« D'accord ! On continue ! »

Nous sortions ensemble, nous allions en fêtes. Je n'avais pas l'esprit au mariage, mais lui savait ce qu'il voulait… Au mois de mai suivant, lorsque nous nous sommes retrouvés au pèlerinage des Saintes-Maries-de-la-Mer, il est venu à ma rencontre et ne m'a pas lâchée une minute. Il s'est vraiment montré très persévérant tout au long de ces années ! Il m'a emmenée à la plage, et m'a dit qu'il m'aimait et qu'il voulait m'épouser. J'étais très étonnée, je n'imaginais pas que les choses étaient allées si vite dans son esprit ! Je n'étais pas tout à fait prête pour ma part, j'ai voulu prendre le temps de réfléchir.

Au mois d'août, nous nous sommes retrouvés au pèlerinage de Lourdes. Sa cour insistante a repris. Il s'est un peu fâché quand, après une séance au cinéma, j'ai refusé de poursuivre la soirée avec lui, mais nous avons fini par nous rabibocher. De retour chez nous après le pèlerinage, tous les soirs sans exception, il m'a demandé en mariage. Chaque soir, il passait la chanson de Johnny Hallyday, *Non ne me dis pas adieu*. Il a fini par avoir raison de moi : nous nous sommes mariés.

Mon mari m'adore toujours, son amour est resté intact même après tout ce que nous avons traversé. Il me regarde parfois, en me disait que je suis belle, il est toujours après moi. Parfois, quand j'ai les cheveux attachés, il ôte ma barrette et me coiffe, me répétant :

« Que tu es belle ! »

Le matin, quand je me lève, je passe une robe, il me dit :

« Comme elle te va bien cette robe, je t'adore ! »

J'ai beaucoup de chance d'être tant aimée, j'ai toujours pu compter sur l'amour de mon époux. Même pendant mes huit années de ténèbres, il est resté à mes côtés, alors que plus rien ni personne n'existait pour moi. Il a été si malheureux de me voir si lointaine, si endolorie… Je l'ai délaissé comme j'ai mis de côté toute ma famille. Heureusement, je suis remontée, nous nous sommes retrouvés, et maintenant, une fois la télévision éteinte le soir, mon mari se blottit contre moi, comme un bébé, il me serre fort, il ne veut pas me lâcher. Il a besoin de me sentir, de sentir ma présence. Il ne peut pas vivre sans moi. Il me demande de temps à autre si je l'aime encore. Il me dit :

« Parfois, je voudrais te demander si tu m'aimes… »
Je lui dis « oui », et il poursuit :
« Parce que moi je t'aime. Depuis le jour où tu es entrée dans mon cœur, tu n'es jamais sortie, et tu ne sortiras jamais de mon cœur. Et toute ma vie, je t'aimerai. »

Mon mari a continué à m'aimer comme un fou alors que la souffrance m'avait coupée de lui, de tout. Le fil qui me reliait aux autres s'était rompu, la vie en moi s'était arrêtée. Puis Jésus est entré dans mon cœur et m'a aidée. Sans lui, de nouveau, je me serais écroulée. J'ai besoin de mes proches, et j'ai besoin de Jésus, la souffrance que je porte est trop lourde pour un être humain. Je me serais replombée si je n'avais pas été aidée par Dieu. Aujourd'hui, je ne le referais plus. J'ai compris que personne n'a le droit de se tuer.

Je suis tombée enceinte un mois après notre mariage, à l'âge de dix-sept ans. J'ai eu une fille, Dahlia, dont je me suis très bien occupée malgré mon jeune âge. Puis j'ai eu son frère, Christ. Quelle joie quand j'ai vu que c'était un garçon ! Ensuite, à vingt ans, est née ma seconde fille, Violette, puis mon petit dernier, Patrick, est venu au monde quand j'ai eu vingt-six ans. Il m'a fait très mal lors de l'accouchement car il était très gros ! Il était même resté coincé au passage. Comme il était beau mon petit dernier… Je le regardais le soir, je le cajolais, je le prenais dans mes bras. J'étais toujours impatiente d'être le lendemain pour pouvoir enfin le reprendre dans mes bras. Violette était jalouse de son petit frère.

Patrick a appris à marcher à dix mois. Il me dit parfois :

« Je ne me rappelle plus comment c'est quand on marche.

— Mon fils, tu as marché à dix mois, tu as marché jusqu'à dix-huit ans, et voilà dix-huit ans que tu es assis, dans ton fauteuil. »

Oui, tu es assis dans ce fauteuil depuis dix-huit ans, toi Patrick qui aimais tant le sport. Tu étais un garçon très léger, tu aimais rire et t'amuser, tu étais intrépide et fonceur, tu n'avais peur de rien. Tu aimais la vie, tu étais la joie de vivre et tu étais un très bon garçon. Tu m'as toujours énormément aimée. Je t'aime tant mon fils. Tu étais un grand sportif, tu t'épanouissais dans toutes sortes d'activités physiques, tu faisais du vélo, tu jouais au tennis, tu aimais le ballon. Je t'emmenais au foot tous les soirs. Quand tu as été plus grand, comme tous les jeunes gens, tu as voulu sortir en soirée. Alors, je te disais :

« Tu n'as que seize ans, à minuit, il faut que tu sois de retour. »

À minuit, tu étais toujours rentré, tu ne voulais pas me fâcher ou me décevoir. J'attendais toujours ton retour, car je suis une mère poule – avec chacun de tes frère et sœurs, j'étais mère poule ! Souvent, tu avais faim quand tu rentrais, alors je te disais :

« Tu as faim ? Mange donc. Mais tu laisses propre derrière toi. »

Tu mangeais, et tu nettoyais toujours derrière toi.

Tu étais un garçon extraordinaire. J'espérais que tu trouves l'amour, une petite femme pour toi qui te donnerait des enfants. Quand tu as eu dix-huit ans, je disais à ton père que bientôt, tu partirais de la maison, qu'on se retrouverait tous les deux. Je lui disais qu'on en profiterait peut-être pour faire des voyages en amoureux…

Mais tu n'es jamais parti de la maison. Tu ne pars de la maison que pour te rendre à l'hôpital.

Comment peut-on ne pas avoir mal quand on voit son enfant changé ainsi et tous ses rêves écroulés ?

Quand tout allait bien encore, que l'accident dans le lac n'avait pas eu lieu, nous nous réunissions en famille toutes les semaines. J'organisais à la maison de grands repas avec mes frères et sœurs, nos parents et nos enfants. Je cuisinais plein de bonnes choses pour tout ce monde, c'est mon cœur que je mettais sur la table. Je les réunissais chaque semaine, je les aimais tous tellement. J'allais acheter mes produits dans les fermes alentour, les fromages de chèvre et de vache, les pommes de terre, les légumes, les volailles… Je préparais quantité de bons plats pour ma famille, des coqs au vin blanc, des gratins, des gâteaux… Et je cuisais tout au feu de bois ! Quand je suis tombée dans les ténèbres, ma mère, paraît-il, répétait :

« La meilleure pour la famille, c'était elle ! Elle nous réunissait ! Maintenant il n'y a plus rien… »

Pendant mes années dans les ténèbres, je n'ai pas pu m'occuper de mon fils, mais la famille était là, pour lui, et aussi pour moi. Il y avait mon mari, mon gendre au cœur d'or, mon fils aîné, un garçon merveilleux aussi, ma belle-fille, une personne magnifique. Ma deuxième fille était également présente. Mais mon petit dernier a surtout pu compter sur ma fille aînée, Dahlia. C'est elle qui a véritablement pris ma place à la maison. Elle s'est occupée de son frère comme une petite mère. C'est une fille admirable, qui a du cœur, c'est un ange pour moi, pour nous tous.

Après ma sortie de l'hôpital, les choses se sont donc

rétablies pour moi progressivement. Je me suis remise à parler, et je suis parvenue peu à peu à m'occuper de mon fils. J'ai réussi à le regarder, ce n'était pas rien étant donné que des années en arrière je n'arrivais même pas à poser un œil sur son corps abîmé sans m'enfuir en tremblant de tout mon être. Quand je le regardais, désormais, je lisais toujours sa souffrance dans les yeux, mais je ne tombais plus. J'ai comme apprivoisé mon regard, et je le vois maintenant avec beaucoup d'amour. Il ne me fait plus peur, sa souffrance ne me fait plus peur, plus rien ne peut m'abattre. Désormais, je suis là toute entière pour lui, tout mon amour, toute ma force je les lui donne.

Mon fils me dit :

« Tu vois, ma mère, il y a dix-huit ans, je serais mort, tu penserais à moi, tu aurais de la peine, mais ce ne serait pas pareil. Là, tu ne peux pas m'oublier, je suis devant toi, il faut toujours que tu me regardes. »

Oui, cette vision pour une maman est terrible, oui je vois son corps immobile, je vois sa souffrance dans ses yeux, mais je peux regarder cela sans tomber désormais.

De la mort, je suis revenue à la vie. La Vierge Marie m'a repêchée, elle ne voulait pas que je meure, grâce à elle et à son fils, j'ai pu avancer.

J'ai vécu plusieurs expériences de grâce qui m'ont aidée à supporter notre situation. Après avoir vu la

Vierge Marie, qui est ensuite venue à côté de moi quand je me suis tiré le coup de fusil et a dévié la balle, j'ai connu une autre expérience surnaturelle. Je me trouvais chez moi, à la maison, j'étais devant le frigo, mon fils aîné était assis sur le canapé, et ma fille se tenait à côté de la porte. J'ai ressenti des palpitations dans mon cœur, et tout à coup je suis tombée. Je me suis écroulée. Mes enfants se sont dépêchés de me porter jusqu'à la voiture, mon fils disait :

« Reviens ! Maman ! »

J'étais comme morte. Mon corps était comme mort, cependant mon esprit ne l'était pas. Une fois à l'hôpital, j'ai entendu une voix, s'adressant à moi :

« N'aie pas peur, je suis là et je t'aime. »

Sans savoir qui m'avait parlé, j'ai répondu naturellement :

« Moi aussi, je t'aime. »

J'ai revu ma mère, qui était décédée alors, puis la voix a ajouté :

« Et là où j'irai, tu iras avec moi. »

C'est l'Esprit Saint qui m'avait parlé. Il avait dit « N'aie pas peur ! » car j'avais peur, puis il avait dit « Je t'aime » car j'avais besoin d'amour. Il avait l'air d'un vieil homme, avec une grande barbe blanche et les cheveux ébouriffés. Roi de la terre et de l'univers, il trônait dans un fauteuil en or et tenait dans la main droite un spectre.

Je me suis sentie très bien après avoir entendu l'Esprit Saint, je n'éprouvais aucune souffrance dans mon corps et je me sentais protégée. Quand il a dit qu'il m'aimait, j'ai ressenti de l'apaisement, un vrai bien-être, aucun organe en moi n'était plus en souffrance. Mes larmes coulaient, elles n'arrêtaient pas de couler. Je pleurais de joie après avoir entendu les paroles d'amour de l'Esprit Saint. Cependant, mon corps ne pouvait pas bouger, je n'arrivait pas à faire un geste. Puis, tout doucement, je suis parvenue à ouvrir les yeux. J'ai levé le regard vers le plafond car la voix et les images venaient de là-haut. Ma fille m'a rendu visite. Je sanglotais quand elle est arrivée. Je lui ai raconté ce que j'avais vu, elle était très étonnée.

« Comme c'est beau, ce que tu as vu ! »

Je lui ai demandé d'essayer de lever mon bras, elle l'a soulevé, mais je n'ai pas pu le maintenir en l'air, il est retombé comme une masse. Mon corps était inerte, seul mon esprit vivait. Enfin, après un moment, j'ai ressenti quelques fourmillements et mon corps s'est progressivement réveillé. J'avais fait une crise de spasmophilie ou de tétanie.

Quand je suis sortie de l'hôpital, je suis allée trouver un prêtre. C'est lui qui m'a expliqué que j'avais vu l'Esprit Saint.

La Vierge et Jésus m'accompagnent, ils m'aident à tenir, grâce à eux, je suis devenue forte comme un roc. Désormais, c'est moi qui m'occupe de mon fils, et c'est de moi que dépend la famille. Les choses se sont inversées. Si je n'étais plus là, mon fils s'écroulerait, mon mari aussi. Mais la Vierge et Jésus m'ont dotée d'une force irréductible, ils ont mis en moi une lumière.

Je dis à mon fils :

« Je t'ai donné la vie. Maintenant, je te donne ma vie. »

Je prends soin de mon fils tout le temps, chaque jour, à chaque heure. S'il a besoin de moi, je suis là. Je ne suis plus la même personne. Mon mari ne peut plus être aussi présent, avec les années, la souffrance l'a usé. Je prends le relais à la maison. Tout l'amour que je peux donner à mon fils, à mes autres enfants, à mon mari, je leur donne. J'ai compris que je leur avais fait du mal pendant mes années dans les ténèbres. J'aime mes enfants, ce sont des anges, quoi qu'il leur arrive, je serai là pour eux maintenant, et ils le savent. Nous sommes tous marqués, nous sommes tous blessés, mais je tiens et je dois tenir. Mon fils aîné vient régulièrement m'épauler, tout comme ses sœurs.

Mon petit dernier, je le caresse, je lui gratte la tête, je lui masse le cuir chevelu... Je ne le lâche pas car il a besoin de moi, il a besoin de sentir que je m'occupe de lui et que je suis là pour lui. Comme il tombe souvent en hypothermie, je le réchauffe avec les couvertures ou avec mon corps, je le prends dans mes bras et lui transmets la chaleur de mon corps. Si je ne le fais pas, je risque de le perdre. Je lui fais plein de câlins, des bisous, je l'habille et le parfume le matin, le soir, je le borde. Je cuisine pour lui et lui donne à manger, je le fais boire aussi. S'il me dit qu'il a soif, je lui demande ce qu'il veut boire, si c'est un sirop qu'il veut, je lui prépare son sirop et je le lui fais boire.

Ma vie appartient à mon fils. Tout ce dont il a besoin, je lui accorde. Je lui prête mes mains, je lui prête ma voix, je lui prête mon corps. En même temps, je lui donne mon amour et ma joie. Parfois je m'amuse à lui mettre des bonbons dans la bouche ! Nous savons rire ensemble et nous discutons beaucoup. Il aime se confier à moi, il me dit tout, il me fait même part de ses plus grandes angoisses. Il se livre un peu moins à son père car il le sent plus fragile.

Nous occupons la même chambre tous les trois. Notre fils dort à côté de notre lit, nous ne le laissons jamais seul, et ce sera ainsi jusqu'à la fin quoi qu'il arrive. Nous ne le laissons ni le jour, ni la nuit. Qu'il soit à la maison ou à l'hôpital, nous sommes à ses côtés. Tous les trois, nous ne formons qu'un, et tous les trois, nous ne faisons plus partie de ce monde, nous appartenons à un monde de souffrance continuelle que nul sur terre ne peut concevoir. Malgré tout, nous ne nous sentons bien que quand nous sommes dans la chambre tous les trois réunis. Plus tard, espérons le plus tard possible, si, avec l'aide de Dieu, nous pouvions mourir tous les trois ensemble, ce serait pour nous une délivrance, car nous ne sommes pas heureux sur cette terre, nous serions mieux au ciel, car je sais qu'après la mort, la vie éternelle nous attend.

Mon fils a tellement besoin de moi, que quand je vais voir mon père, je ne peux pas rester longtemps. C'est comme si j'entendais mon fils m'appeler, il faut que je rentre le retrouver. Mon fils m'aspire, je ne peux pas l'abandonner et rester sans lui. Je reste deux ou trois heures chez mon père, et je m'en vais. Mon fils non plus ne peut pas rester sans moi, il demande après moi, il aime quand je suis là, il n'est bien qu'en ma présence. Mon fils me dit que je suis son soleil.

Je donne tout l'amour que je peux à mon fils, mais j'aurais aimé qu'il connaisse aussi l'amour d'une femme et d'un enfant.

Quand je m'occupe de Patrick, aujourd'hui, je repense à ma mère prenant soin de ma petite sœur. Son souvenir ne me quitte pas. Quand j'épluche les pommes de terre, c'est comme si c'était elle qui les épluchait, quand je mange, c'est elle qui mange, quand je coupe la viande de mon fils, c'est ma mère qui le fait. Elle est en moi. Quand je suis allée demander au prêtre pourquoi je ressentais ces choses, il m'a expliqué que ma mère communiquait avec moi.

Ma mère s'est toujours bien occupée de nous quand nous étions petits, malgré la charge de ma sœur. Elle faisait des tresses à ses filles le matin, avant qu'elles partent à l'école, et nous étions toujours bien habillés. Elle était très dévouée. Elle veillait à ce que ma sœur soit toujours bien propre, ma sœur faisait sous elle, mais jamais ma mère ne l'aurait laissée dans ses vêtements souillés. C'était une très bonne mère. Quand nous allions nous coucher le soir, elle faisait chauffer une brique qu'elle enveloppait dans un linge, et elle la plaçait dans notre lit à nos pieds pour qu'on ait bien chaud. J'essaie d'être aussi bonne et dévouée avec mon fils qu'elle l'a été avec ma sœur et nous tous.

Mon père va avoir quatre-vingt-cinq ans. Il est très bon. S'il pouvait mettre son cœur sur la table, il le mettrait. Je lui fais des câlins quand je vais le voir. Il a beaucoup souffert à la mort de ma mère. Alors qu'elle était à la dernière extrémité, le médecin a dit à mon père qu'il lui donnerait de la morphine pour arrêter ses souffrances. Nous voulions qu'elle cesse de souffrir, elle était dans un état terrible. Elle aurait pu partir le 12 février, mais comme c'était l'anniversaire de mon père, la piqûre fatale a été reportée au lendemain. Au moment de partir, elle a dit à mon père, qu'on appelle Bibi, d'une voix faible de mourante :

« Oh Bibi, comme c'est beau ! Il y a deux petits

anges qui viennent me chercher… »

Elle a lâché un soupir et elle nous a quittés.

Mon père fait comme ma mère depuis. Quand je vais le voir, il sort tout sur la table, des bonbons, des gâteaux ! Je lui dis :

« Mon père, j'aimerais rester mais je ne peux pas, il faut que j'aille retrouver mon fils. »

Il me comprend. Il y a toujours eu beaucoup d'amour et d'entraide chez nous.

Aujourd'hui, je supplie Dieu de prendre mon fils avant moi, parce que personne ne s'occuperait de lui. Étant donné notre situation, nous sommes seuls, isolés dans notre univers de maladie et de douleurs. Hormis ses parents, mon fils n'a personne. Alors je ne veux pas le laisser. Un parent peut-il abandonner son enfant ? Je supplie Dieu de prendre aussi mon mari avant moi, il ne se remettrait pas de mon départ.

Dans mon entourage, de nombreuses personnes ont été malades. Les docteurs n'arrivaient pas toutes à les soigner car ils ne trouvaient pas toujours la cause de leur maladie. J'aimais m'occuper de ces gens, j'appelais le docteur pour eux, je veillais sur eux. On appelle cela la charité. J'ai toujours eu à coeur de me montrer charitable avec les autres alors même que la maladie de mon fils accaparait mon temps. La maman que je suis aurait tellement aimé pouvoir le guérir, me savoir démunie vis-à-vis de sa maladie me laisse anéantie. Pourtant, malgré ma situation, je tiens à m'occuper des autres. Je ne veux pas qu'il arrive du mal aux gens qui m'entourent, dès que je sens qu'ils ne vont pas bien, j'essaye d'être là pour eux. J'ai emmené mon beau-frère se faire soigner ; il était atteint d'un emphysème. Quand les gens ont besoin de moi, je le ressens. Je ressens la pauvreté, la maladie, la détresse des autres, j'ai cette forme d'empathie et je fais en sorte que les gens que je connais ne soient pas malheureux. J'ai tellement subi la souffrance que je ne veux pas la voir chez les autres.

V

Mon fils se bat

Mon fils est un battant. Loin de se laisser démonter, il a toujours chercher un moyen d'améliorer son état. Il s'est renseigné pour trouver en France et à l'étranger des hôpitaux spécialisés. Il n'a pas ses mains mais il parvient à tapoter sur son téléphone ; il peut ainsi communiquer avec des tétraplégiques comme lui, et échanger avec eux des informations sur les avancées scientifiques et les établissements où sont pratiqués des essais cliniques. Ainsi, il a voulu se rendre au Portugal pour rencontrer un médecin qui procédait à des décompressions de la moelle épinière. Il a subi une opération très dangereuse, qui touchait la moelle épinière en haut des vertèbres. Nous avons eu très peur durant l'opération ; j'ai couru le voir dans sa chambre une fois l'intervention finie, et à mon grand soulagement, j'ai vu qu'il respirait ! Nous sommes restés deux mois au Portugal, puis, de retour en France, quand les médecins ont appris ce qu'il était allé y faire, ils lui ont dit :

« Mais tu as fou d'avoir tenté une opération aussi dangereuse ! »

Mon fils a répondu :

« J'ai fait ça pour ma mère, ma mère, c'est mon soleil. »

J'étais sortie de l'hôpital psychiatrique alors, mais je n'allais pas bien encore.

Par la suite, mon fils a continué d'aller partout où des essais cliniques étaient pratiqués. Il s'est rendu en Suisse, en Ukraine, aux États-Unis… Après son opération au Portugal, il a été intégré à un programme de recherches. Il avait pris contact avec des médecins américains qui expérimentaient un système de puces placées dans la moelle épinière et connectées à un boîtier. Quand il a appris que les Américains n'opéraient pas les patients français, il a cherché à se faire poser les puces en France. Il a échangé avec un neurochirurgien, qui a bien voulu le rencontrer. Ce professeur avait une allure très excentrique, ou disons, inattendue vu son statut et sa profession. Le jour du rendez-vous, nous l'avons vu arriver à moto chaussé d'une paire de Santiags ! Il suivait les expérimentations de ses confrères américains et a proposé à mon fils de lui poser les puces. C'était un essai clinique pour lui. Il les lui a placées dans la moelle épinière au niveau des lombaires, et lui a donné le boîtier correspondant. Il fallait désormais trouver un technicien qui puisse paramétrer le boîtier de manière à faire passer l'influx nerveux. Or, en France, personne ne maîtrisait cette technique à l'époque. Mon fils a alors supplié les Américains de bien vouloir le recevoir pour programmer son boîtier. À force d'insistance, il a obtenu un rendez-vous. Il s'est rendu aux États-Unis avec son kinésithérapeute, son père et son beau-frère. Le réglage des paramètres dure en temps normal au moins un an, or, mon fils n'est resté que dix jours là-bas, il n'a donc pas été possible d'aller au bout du réglage. Toutefois, le réglage a permis de faire passer un peu d'influx nerveux, du haut de la jambe jusqu'en bas.

Mon fils a ensuite voulu aller plus loin encore. Il a poursuivi ses recherches. Et il est tombé sur une histoire singulière. Il a appris qu'en France, un Américain s'était fait percuter par une voiture et s'était retrouvé paralysé. À la suite de son accident, cet homme avait décidé de fonder un centre de recherches sur la moelle épinière, et d'ouvrir en parallèle un centre de rééducation. Par chance, ce centre doté d'appareils ultraperfectionnés se trouvait près de chez nous. Nous sommes allés dans ce lieu où mon fils a pu faire des séances de rééducation. Grâce à l'électrostimulation, il peut s'entraîner à faire quelques mouvements. Il a réussi à bouger légèrement, très légèrement les doigts, il les a ouverts puis fermés ; le mouvement était très faible, mais au moins il avait eu lieu et nous étions très heureux d'en être témoins. Mon fils monte aussi sur un vélo et pédale vers l'avant. Il faut l'aider à pédaler et à respirer en même temps car il a peu de souffle.

Au centre, mon fils travaille à fond, il se donne autant qu'il peut. Ces exercices nous apportent tellement d'espoir ! Quand je le vois s'exercer, je me dis qu'il ne se remettra peut-être jamais debout, mais qu'au moins, avec le temps, il réussira à faire certaines activités. Nous restons trois heures quand nous allons au centre. Il nous arrive de bien rire làbas ! Mon fils rentre vanné, mais content et régénéré.

En parallèle, Patrick a contacté un grand professeur en Suisse pour lui demander de terminer le réglage des paramètres de son boîtier. Le médecin a bien voulu le rencontrer, mais il l'a averti que l'information passait mal et qu'une technologie plus avancée était nécessaire.

Je suis fière de mon fils. Je lui dis parfois :

« Mon fils, tu es mon guerrier, et moi, je suis ton bouclier. »

VI

Des hauts et des bas

« Ma mère, c'est avec le diable que je me bats ! », m'a dit récemment mon fils.

Mon fils a beau être fort et combatif, le mal qui le ronge est tellement grand, sa souffrance atteint parfois de telles extrémités, qu'il peut se décourager. Le mal nous a lancé un combat féroce voici quelques mois. Nous espérons que les antibiotiques en viendront à bout et que mon fils échappera à l'opération car il est faible et une intervention serait risquée.

L'année dernière déjà, Patrick a dû se faire opérer. Il avait fait une escarre, dont il lui avait fallu un an pour guérir. L'escarre s'était creusée, et quatre bactéries différentes avaient attaqué l'os. Mon fils a été très malade, il a eu beaucoup de fièvre, l'ostéite l'a fait atrocement souffrir. Les chirurgiens ont dû gratter l'os puis lui faire une greffe. Mon pauvre fils, après toutes ces années en fauteuil, a dû rester un an alité. Un an de lit, après avoir bien failli mourir d'une septicémie ! Et que de douleurs ! Il souffrait le martyre. Cette escarre l'a traumatisé. Les soignants voulaient l'envoyer en centre de rééducation après l'opération, mais il était hors de question que nous nous retrouvions séparés. Nous avons repris mon fils chez nous et opté pour l'hospitalisation à domicile. Après l'opération, pendant quatre mois, on lui a administré des antibiotiques au moyen d'un Picc-line, un système de perfusion intraveineuse permettant d'envoyer des antibiotiques en continu, puis il y a eu les soins. Que c'était dur de le voir dans cet état de faiblesse et de souffrance ! Je voulais garder espoir et il fallait que je sois là pour le surveiller, et pour le remonter aussi, pour l'encourager, pour qu'il continue de s'accrocher.

Par moments, mon fils était près de baisser les bras.
« Je souffre, ma mère, je souffre… Ce n'est pas humain une telle souffrance…
— Mon fils, tu vas guérir ! Ça va aller ! Tu vas t'en sortir !
— Ma mère, je n'en peux plus, je veux partir. »
Il n'avait pas d'appétit. Il était très diminué, mentalement et physiquement.

J'ai vu mon fils mourir de toutes les façons, je l'ai vu souffrir de toutes les façons.

Je gardais l'espoir et la force au fond de moi, mais par moments il fallait que je hurle. La situation était si insoutenable que je sortais de la maison et j'allais me défouler, je tapais du poing sur n'importe quoi, et je criais comme une bête. J'implorais Jésus :

« Aidez-moi ! Aidez-nous ! »

La lumière céleste me portait mais elle n'avait pas chassé la souffrance. Nous ne sommes que des humains ! Quand je n'en pouvais plus, j'allais dehors et je laissais exploser ma détresse.

Cette période a été très dure. Mon fils reste terrorisé par les escarres. Il a beau être fort, il est tout de même tombé à cette période, et sans ma présence, sans mon soutien, il ne remontait pas. Après l'opération, nous sommes restés près d'un an à le regarder alité, son père et moi, et à nous occuper de lui. Nous avions très peur au début car il n'était pas certain que les antibiotiques viennent à bout de l'infection. Oui nous étions tétanisés, mais je voulais me rassurer :

« Il va guérir. Mon fils ne va pas mourir. »

Cette période a été un coup de massue pour nous tous, la souffrance de mon fils a duré si longtemps... Pendant des mois et des mois nous sommes restés là, à le regarder allongé, sans savoir s'il réussirait à remonter la pente ou s'il partirait. Cet épisode a épuisé mon mari. Il n'a plus été le même après. Il s'est éteint. Il mange, il dort... Il ne peut guère faire plus. Quelle tristesse. Il me fait beaucoup de peine. Il donne tellement pourtant, malgré son état d'épuisement... Il a gardé beaucoup d'amour au fond de lui, il a de l'amour pour deux, il est impossible de ne pas l'aimer. Il reste présent pour nous, mais il a besoin de moi comme appui désormais. Je serai toujours là pour lui et pour mon fils, ils savent qu'ils peuvent me faire confiance, que je ne les quitterai pas.

Le traitement a marché, et en septembre 2021, mon fils était rétabli. Après cet épisode monstrueux, je l'ai accompagné au centre de rééducation. Il a progressé petit à petit, c'était formidable de suivre ses progrès. Son ostéite avait toutefois beaucoup affecté son moral, il fallait que je sois constamment derrière lui, que je l'encourage.
Parfois, mon fils, me dit :
« Tu sais, ma mère, je ne vais pas vivre très longtemps.
— Je sais, mon fils, car tes organes sont affaiblis, mais le temps que tu as à vivre, il faut le vivre bien. Il faut te battre ! Il ne faut pas te laisser aller ! On ne sait pas ce que la vie nous réserve ! »
Quand mon fils revient du sport, il se sent bien, mais il ne faut pas qu'il reste à la maison, il perd le moral quand il est enfermé, il ne fait que dormir. Sans le sport, sans la découverte de cette salle spécialisée, mon fils se serait très certainement laisser mourir tant cette escarre l'a traumatisé. Il ne voulait

même plus s'alimenter. J'insistais, je lui donnais à manger.

Pour une mère, où puiser la force ? Personne ne peut trouver la force sans l'aide de là-haut. Quand tout va bien, la vie semble naturelle, mais dans une situation comme la nôtre... La mort et la souffrance rôdent continuellement autour de nous, la souffrance et la perspective de la mort sont notre lot quotidien. Nous sommes déjà dans l'autre monde, de l'autre côté... Malgré l'espoir, malgré la lumière, nous savons bien que nous n'appartenons plus au même monde que les Vivants. Non. Nous vivons dans notre monde à nous, un monde gorgé de malheurs et de douleurs, depuis dix-huit ans, nous habitons ce terrible monde-là. Les fleurs, les arbres, la nature, tout cela vit devant nos yeux et nous est devenu étranger. Quand nous nous levons le matin, la vie s'est mise si loin de nous, que nous redécouvrons chaque fois avec étonnement l'existence des fleurs, des arbres, ces images de la vie nous frappent et nous surprennent.

J'aimais les fleurs jadis. Ma mère aussi ; son jardin en était envahi. J'ai des oliviers et des palmiers chez moi, je m'achète des bouquets de fleurs, parfois, j'aime la rose rouge, j'aime l'odeur de la lavande, et l'iris bien sûr, la fleur de Marie. Quand je ne suis pas auprès de mon fils, j'aime aller au jardin et m'occuper de mes plantes et de mes arbres, mais je ne fais plus corps avec toute cette vie qui vibre autour de moi, la maladie et le malheur se sont mis entre nous.

Une fois son escarre guérie, mon fils est allé s'entraîner au sport un jour sur deux. Quel travailleur acharné ! Son énergie a toujours étonné tout le monde au centre. Quand il se décourage, je le remonte. Je lui dis :

« Mon fils, il faut te battre ! Dieu n'aime pas les faibles ! Il aime les forts, les courageux ! »

Nous sommes si proches tous les deux. Il me dit parfois :

« Tu es mon soleil, ma mère. »

Il existe un sanctuaire à Notre-Dame-de-Valcluse. L'année passée, le 15 août, alors que mon fils n'était pas encore totalement remis de son opération, nous nous y sommes rendus, avec Patrick, mon père et l'une de mes sœurs. Nous connaissions ce sanctuaire, déjà, nous aimons y aller. L'église est une merveille, nous ressentons un grand apaisement quand nous sommes en son sein. L'an dernier, je suis allée voir le curé avant qu'il serve la messe. Je lui ai parlé de mon fils. Il m'a dit :

« Vous tombez bien, car aujourd'hui je vais lire le chapelet de la miséricorde divine. Vous vous placerez devant dans l'assistance. Il est possible que vous ayez une grâce. »

De nombreuses grâces sont promises à celui qui

implore la miséricorde de Dieu.

Comme le curé nous y avait enjoints, nous nous sommes assis devant dans l'église. La messe a débuté, et le curé a commencé à dire la prière. Soudain, j'ai aperçu mon père qui était endormi, puis mon fils est tombé de sommeil à son tour ! J'ai jeté un regard à ma sœur, et nous nous sommes mises à nous tordre de rire en les voyant tous les deux endormis ! Mais peu après, voilà que ma sœur aussi est tombée dans les bras de Morphée, puis à mon tour, j'ai sombré... Nous nous étions tous les quatre endormis pendant la prière ! Mon fils a même dormi très profondément, au point de ronfler ! La prière terminée, nous nous sommes réveillés. Une fois dehors, nous avons ri tous les quatre à ne plus pouvoir nous arrêter ! Le curé est alors venu vers nous pour nous dire :

« Vous avez eu une grâce, Jésus vous a pris dans ses bras et il vous a bercés. »

En nous disant cela, il a fait cadeau à chacun de nous d'une médaille miraculeuse.

Jésus nous avait pris dans ses bras, il nous avait enveloppés, c'est cette grâce qui dans l'église nous avait touchés. Dieu pardonne les péchés et donne son amour aux personnes qui en ont pour lui.

Il y a trois mois, j'ai frôlé la mort, j'ai été envoyée d'urgence à l'hôpital à cause d'une méningite. À un moment, je me suis effondrée, pour me réveiller le lendemain, pendant un transfert. Dans l'ambulance, je ne comprenais pas ce qui se passait, j'ai cru d'abord que j'avais attrapé la covid. Les docteurs se sont montrés très réservés sur mon état. Les examens ont révélé qu'une bactérie venant des poumons était remontée dans les méninges. Après quatre ou cinq jours d'hôpital, j'ai cru partir pour l'au-delà, j'ai revu tout mon passé défiler. J'ai revu mon fils à Genève après l'accident, ma mère atteinte de cancer, je revivais toutes ces souffrances devant moi. J'ai eu si peur de retomber dans les ténèbres que j'ai appelé :

« Mon Dieu, je ne veux pas retourner dans les ténèbres, je t'en supplie, enlève-moi ces images de ma tête ! Aide-moi ! Je ne veux plus voir mon fils souffrir, je ne veux plus voir ma mère souffrir ! »

Dieu m'a entendue, et je suis allée mieux. Il fallait absolument que je me rétablisse pour mon fils, il est hors de question que je parte avant lui, je ne veux pas l'abandonner ! Il ne survivrait pas à mon départ, mon mari non plus. Le mal avait essayé de me rattraper, mais l'Esprit Saint m'a entendue et est venu à mon secours. Dieu ne m'a pas quittée, il prend soin de moi.

J'ai reçu quatre poches d'antibiotiques capables d'agir sur tous les types de méningite. Comme mon cas était très grave, les médecins n'ont pas attendu de savoir de quelle méningite particulière j'étais atteinte.

Après le coup de fusil, c'était la deuxième fois que

je renaissais à la vie alors que j'aurais dû mourir. Les médecins m'ont dit que j'avais frôlé la mort, je suis une miraculée. Dieu n'a pas voulu que je parte, il a un chemin tracé pour moi, il a un chemin tracé pour mon fils aussi, j'ignore quel destin il me réserve, mais je sais qu'il me garde en vie pour que, au moins, je puisse prendre soin de Patrick. Je sais que mon fils est un élu de Dieu.

La méningite aurait pu me laisser paralysée. J'aurais pu me retrouver dans le même état que mon fils, c'est une chose incroyable. Quand je pense que quand j'étais à l'hôpital psychiatrique, je voulais justement m'immobiliser comme lui pour ressentir ses souffrances, parce que je n'avais pas le droit, moi, sa mère, de vivre, de manger, de me mettre debout, si lui ne pouvait pas le faire. Parce que je crains, maintenant que j'ai retrouvé mes esprits, de me retrouver dans cet état de paralysie, je ne me départis pas d'une lettre que j'ai écrite, stipulant qu'en cas d'accident, je refuse tout acharnement thérapeutique, je ne veux pas vivre branchée, artificiellement, je ne veux pas devenir tétraplégique. J'ai vu ma sœur dans un état quasi végétatif, je vois depuis dix-huit ans mon fils paralysé… Il est terrible pour une famille de vivre auprès d'un proche paralysé. Je refuse de faire subir un tel poids aux miens, qui ont déjà tellement subi. Lors des diverses hospitalisations de mon fils, j'ai été témoin de scènes horribles. Il est inhumain de laisser

en vie des malades qui ont presque tout de mort en eux. J'ai vu des scènes atroces à l'hôpital. Il y avait un homme comme mort dans une chambre, et la télévision hurlait. Je suis allée trouver l'infirmière :
« Mais qu'est-ce que vous fichez ?! Il est mort cet homme ! Débranchez-le ! »
Elle m'a répondu :
« Mais il écoute, il entend ! »
« Mais il entend quoi ? Il comprend quoi ? Il souffre, son âme souffre encore plus, débranchez-le ! Ne le laissez pas souffrir comme ça ! »
La mère de Vincent Humbert a dû aller à Lausanne pour euthanasier son fils. L'État français doit prendre conscience que ces gens sont morts et que le peu de vie qu'ils ont en eux ne leur permet qu'une seule chose, ressentir la souffrance.
Mon fils a eu comme voisin de chambre d'hôpital un homme quasi mort, qui avait un œil recousu, tandis que l'autre était à peine ouvert. Il ne lui restait que l'aptitude de voir par son petit trou d'oeil. Tout le reste était mort. Une dame, sa femme peut-être, lui faisait voir son visage par son trou d'œil minuscule. Quel tableau abominable.
Je revois une autre dame, vissée à un fauteuil… Elle souffrait tant qu'elle pleurait, elle n'arrêtait pas de pleurer, et entre deux sanglots, la pauvre gémissait :
« Mais laissez-moi ! Je souffre ! »
Il faut laisser partir ces gens. Ils ont mal dans leur

corps, mais leur âme est emprisonnée aussi, elle souffre plus encore.

Jamais je ne veux être réanimée si le prix à payer est la paralysie.

*

Après son escarre qui l'a cloué au lit pendant un an, mon fils s'est rétabli et je l'ai emmené au sport. Il avait progressé et l'espoir qu'il retrouve peu à peu de la mobilité était là. Mais un mois après son rétablissement, il a refait une ostéite. Il ne va pas bien à l'heure où j'écris. De nouveau son corps est la proie des bactéries. Il a eu une forte fièvre, son moral n'est pas bon. Il dort beaucoup, il a du mal à se réveiller, il souffre tant qu'il n'a plus le courage de continuer.

Il m'a dit :

« Ma mère, avec cette douleur, c'est trop dur, je ne peux pas continuer. C'est tout mon intérieur qui me fait mal, mais le pire, c'est derrière, c'est mon os. »

Comme toujours, j'essaie de lui remonter le moral :

« Mon fils, ça va aller, reste positif ! Ne sois pas négatif ! »

J'arrive parfois à le relever. Pas toujours.

« La lumière d'espoir que j'avais en moi, m'a-t-il dit l'autre jour, elle s'est éteinte. »

J'ai répondu :

« La lumière d'espoir que tu avais en toi ne s'est

pas éteinte. Tu verras, il y aura de belles choses pour toi. »

Mon fils se prépare à sa propre mort. Avant il me disait qu'il n'allait sans doute pas vivre longtemps, mais qu'il croyait encore à un mieux-être à défaut d'une guérison, mais, de plus en plus, il perd l'espoir. De mon côté, je tiens. Je sais que son état est grave, mais j'ai la force de Jésus en moi et je continuerai à me battre pour lui, jusqu'à la fin, jamais je ne l'abandonnerai, jamais je ne perdrai espoir. Malgré la douleur, je me sens armée d'une force invincible, presque surnaturelle, que moi-même j'ai du mal à expliquer, mais je la sens, elle me pousse, me porte et me soutient. Elle est là. Je suis comme un rocher, et rien ne peut me faire tomber. Il ne faut pas que je tombe, car je suis un pilier chez moi, si je tombe, ils tombent tous.

La question de l'opération s'est posée. Une grande réunion s'est tenue à l'hôpital entre plusieurs spécialistes. Mon fils souffre d'une infection très agressive. Si sa santé le permettait, on pourrait l'opérer pour supprimer la partie infectée, mais il est trop fragile. Les médecins ont donc choisi de lui administrer des doses de cheval d'antibiotiques. Il est revenu quelques jours à la maison, où on lui a posé deux Picc-line, pour que les antibiotiques lui soient administrés en continu, puis il est retourné à l'hôpital. Nous ne lâchons pas notre fils, mon mari et moi, nous nous relayons, il y a toujours l'un de nous deux à son chevet. Jamais mon fils ne reste seul. Les médecins ont décidé de lui donner la dose maximale d'antibiotiques pour tenter de venir à bout des bactéries. Plus tard, ils feront une IRM et si l'infection est toujours là, ils opèreront.

Patrick a trois infirmiers formidables qui s'occupent de lui. Ils ont beaucoup de peine de le voir souffrir de toutes ses infections. Mon fils a mal dans son corps. Il gémit. Il me dit à quel point son corps n'est que souffrance. Toute mère en entendant ses mots serait effondrée, je me suis effondrée jadis, mais désormais je tiens. Je connais les ténèbres, et le changement qui s'est opéré en moi est inimaginable. Je ne suis pas redevenue celle que j'étais avant les ténèbres, je suis bien plus forte qu'avant. J'ai toujours beaucoup donné à mes enfants, mais grâce à Dieu, grâce à la foi, je peux mener notre combat. Sans l'amour et la foi, personne ne peut supporter ce que l'on subit. Il est inhumain de voir son fils souffrir rivé à un fauteuil pendant de si longues années, de le voir dormir, la nuit, le jour, parce que les douleurs l'assaillent, de l'emmener constamment à l'hôpital parce que son corps est continuellement malade, il est inhumain d'assister à ce drame qui se rejoue chaque jour, tout en restant impuissant. Si je suis debout, si je suis à son écoute, si je l'aide et le soutiens tant que je peux, ce n'est pas grâce à une force terrestre ou humaine, non, cette force-là ne suffirait pas, ma force me vient d'ailleurs. Il a fallu que j'entende la Vierge Marie me parler pour me relever. J'aurais dû mourir deux fois, et deux fois j'ai survécu. C'est un miracle. Ma vie me semble parfois irréelle tant nos jours sont différents des jours que traversent ceux qui nous entourent.

« C'est un combat, mon fils, lui dis-je, nous allons nous battre tous les deux. »
Il m'a répondu dernièrement :
« Si ma vie n'est que souffrance pour moi sur cette terre, il n'y a pas lieu d'y rester. »
Mon fils a répété à mon mari qu'il ne voulait plus se battre. Il baisse les bras, il dort, il ne parle plus, sa volonté le quitte, il s'est battu dix-huit ans mais le combat est trop dur, il est inégal ! « Ma mère, c'est avec le diable que je me bats », oui le diable ! Il m'a dit que là-haut, quand il trouvera Dieu, il lui demandera pourquoi il l'a tant fait souffrir. Pourquoi lui, Patrick Gardener, a dû subir tant de douleurs et de tourments sur cette terre.
J'ai failli retomber dernièrement. Je me suis mise dans mon lit et je ne voulais plus bouger, je n'ai pas voulu aller à l'hôpital. Je suis restée clouée au lit pendant deux jours, à écouter des cantiques et les chants de Natasha St-Pier, qui connaît la douleur d'avoir un fils malade. J'ai su qu'ils avaient mis des tuyaux dans

le nez de Patrick, ce qui me replongeait à l'époque de l'accident, je ne me suis pas sentie en état d'affronter cette image. Je me disais :

« Nous avançons sur un chemin de Croix. Pourquoi nous ? On avance, on tombe, on se relève, on tombe encore, on tombe ! Pourquoi nous a-t-on condamnés à une peine aussi cruelle ? Après la crucifixion, Marie s'avance au pied de la Croix, elle prend son fils crucifié dans ses bras… Mais je ne suis pas Marie ! »

Enfin, je me suis reprise et je suis allée voir mon fils à l'hôpital. Dès que je l'ai revu, j'ai tant d'amour pour lui que je me suis sentie bien.

La nuit, mon fils m'appelle :
« Ma mère, ma mère, où es-tu ?
— Je suis là mon fils !
— Ne pars pas !
— Mais je ne pars pas, je suis à côté de toi ! »

Sa sœur a contacté un curé, elle lui a demandé de beaucoup prier pour son frère. Christ a besoin de son petit frère. Il a peur pour lui et crie :
« Reste avec nous mon frère, ne t'en vas pas ! »

Je suis persuadée que mon fils va s'en sortir. Je n'ai pas été miraculée par hasard, tout ce qui nous arrive était écrit, ce chemin sur lequel nous avançons a un but. J'ai foi en Dieu et je crois en la médecine. N'est-il pas écrit dans la Bible : « Mon fils, si tu es malade, ne t'emporte pas, mais prie Dieu, car c'est Lui qui guérit. (...) Mais accorde aussi une place au médecin et qu'il ne s'éloigne pas, car tu en as aussi besoin » ? Je sais que mon fils va guérir. Il va se remettre de son infection, et alors nous irons voir ce grand professeur qui fait remarcher les tétraplégiques grâce à des implants révolutionnaires placés dans le cerveau. C'est le professeur que nous avions rencontré en Suisse qui a récemment développé cette technique, il faudra que mon fils le revoie. La recherche avance. Je le répète à mon fils, qui n'a plus envie de se battre, je lui répète que ce professeur est un espoir inouï pour nous.

Il m'a dit dernièrement :

« Ma mère, mon cœur saigne. »

Je lui ai reparlé de ce professeur, je lui ai raconté les vidéos que j'avais vues de paralytiques qui remarchaient grâce à lui.

Il y a dix-huit ans, après l'accident, quand je suis allée dans la chapelle donner mon fils à la Vierge Marie, j'avais laissé une photo de lui et j'avais écrit sur un petit papier : « Aidez-nous ». Après moi, ma fille était montée à la chapelle pour prier pour son frère. Entre-temps, sous mon mot, quelqu'un avait écrit cette phrase : « Vous avez tapé à la bonne porte, je peux vous aider ». La personne avait laissé son numéro de téléphone. Ma fille est rentrée pour m'apprendre la nouvelle, et elle a contacté la personne. C'était un homme. Il lui a dit :

« Je suis quelqu'un qui reçoit des messages des Dieu. »

Nous avons fait venir ce monsieur chez nous, nous l'avons accueilli très régulièrement, c'était un homme très bon, assez connu dans la région. Il ne nous a jamais réclamé d'argent. Il voulait simplement nous voir pour nous communiquer ce que Dieu lui avait dit. Longtemps nous avons cru en ses paroles. Il a dit que mon fils n'allait pas rester dans l'état où il se trouvait, et a ajouté :

« Il vous faudra peut-être attendre dix ans, voire plus, mais vous verrez, votre fils ne restera pas dans cet état. »

Il a précisé également que je deviendrais le pilier de la famille.

Ce monsieur avait des dons. Il a senti une fois que j'allais très mal. Alors que je me trouvais en Suisse, j'ai été prise d'une douleur au cœur insoutenable. À ce moment-là, ma fille m'a appelée pour me demander comment j'allais. Le monsieur se trouvait avec elle et lui avait conseillé de m'appeler parce que j'avais mal au cœur. Quand je suis rentrée chez nous, il m'a demandé de m'allonger et il a laissé longuement sa main posée sur mon cœur :

« Comme il souffre, votre cœur… »

Les années se sont écoulées sans que l'état de mon fils ne s'améliore… Alors nous avons cessé de croire à ce qu'il nous avait raconté, bien qu'il nous ait prévenus qu'il fallait nous armer de patience.

Maintenant, le souvenir de ce monsieur me revient. Je suis persuadée qu'il avait raison, qu'il fallait simplement être patients et que de belles choses allaient nous arriver. Je fais le lien entre cet homme et le grand professeur que j'aimerais que mon fils revoie quand il sera remis de son ostéite.

En cette période difficile, je me sens éreintée, assommée de fatigue. À bout de forces. L'autre jour, n'en pouvant plus, j'ai mis mes coudes sur la table, j'ai posé ma tête dans le creux de mes mains, et j'ai fermé les yeux. Soudain, je nous ai vus, tous réunis, mes enfants, mes petits-enfants, mes sœurs, mes nièces, mon père, mon mari et sa famille. Nous étions placés en cercle et nous nous tenions les uns les autres par les épaules. Nous étions remplis d'amour, de joie et de bonheur. Tout doucement, une musique s'est fait entendre, et alors nous nous sommes mis à tourner. Nous avons tourné trois fois, et à mesure que nous tournions, la joie en nous grandissait. Tout à coup, au milieu de notre ronde, mon fils est apparu. Il s'est levé de son fauteuil, je l'ai pris dans mes bras et je l'ai serré très fort contre moi en disant :

« Quel bonheur ! Quelle joie au bout de notre combat avec le diable ! »

SOMMAIRE

I. L'accident   9

II. Hier, déjà   21

III. Je sombre   27

IV. Grâce à l'Amour   47

V. Mon fils se bat   67

VI. Des hauts et des bas   73